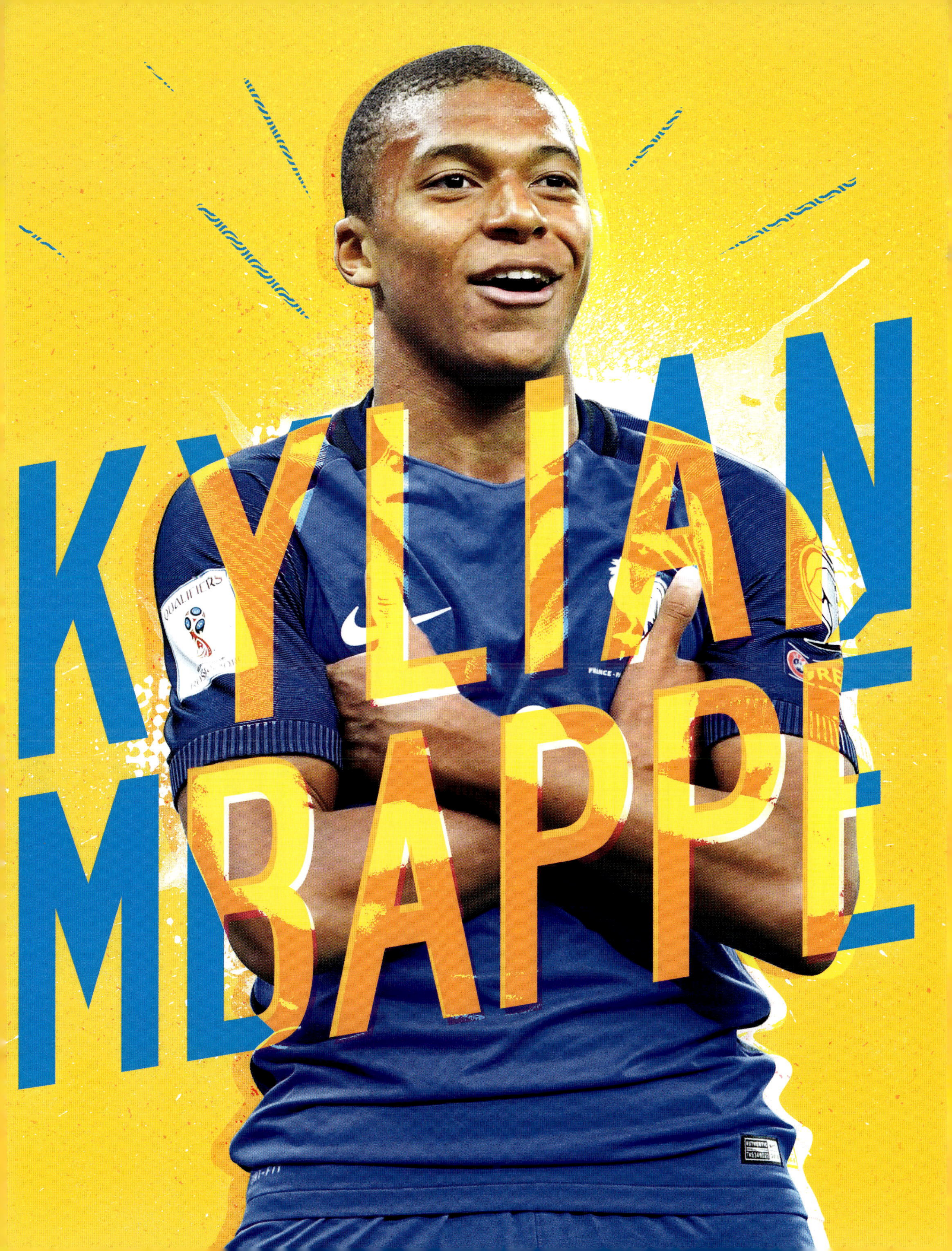
KYLIAN
MBAPPÉ

KYLIAN MBAPPÉ

Gründ

92 avenue de France - 75013 Paris
www.lisez.com

Auteur : Mickaël Grall
Maquette : Axel Mahé
Suivi éditorial : Caroline Guineton

Dépôt légal : avril 2020 – ISBN : 978-2-3240-2634-8
Achevé d'imprimer en mars 2020 – Imprimé en France par Pollina - 92972.

Loi n°49-956 du 16 juillet 1949 sur les publications destinées à la jeunesse,
modifiée par la loi n° 2011-525 du 17 mai 2011.

SOMMAIRE

KYLIAN MBAPPÉ EN BREF

Né le 20 décembre 1998 à Paris.

Taille : 1,78 m

Poids : 73 kg

Droitier

Poste : Attaquant

Clubs : AS Monaco (2015-2017)

Paris Saint-Germain (2017-…)

Palmarès Club : Champion de France 2017, 2018, 2019.

Vainqueur de la Coupe de France 2018.

Vainqueur de la Coupe de la Ligue 2018.

Palmarès Sélection : Coupe du Monde 2018

INTRODUCTION :
UNE AFFICHE QUI FÂCHE

Bondy, Seine-Saint-Denis, fin juin 2018.

À Bondy, on adore le sport, le foot en particulier, et surtout un certain **Kylian Mbappé**. C'est dans cette petite ville de la banlieue parisienne que le joueur a fait ses premiers pas de footballeur, à l'âge de 6 ans.

Depuis 2017, une superbe affiche domine la ville, une affiche qui tient à cœur aux habitants, car elle met en scène son chouchou, la nouvelle star du football mondial et des Bleus. Lorsque Kylian est venu inaugurer « sa » fresque, c'était peu de temps après **son arrivée au Paris Saint-Germain**, en septembre 2017, pour une mémorable séance photo : sur l'une des images, on le voit seul, en haut de l'immeuble où l'immense fresque a été disposée. Ce cliché du prodige de retour dans sa ville a fait le tour du monde. **On ne voit qu'elle à Bondy et elle fait la fierté de ses habitants.**

Mais un matin, l'affiche de Kylian disparaît ! Elle est remplacée par une publicité pour une marque de magasins qui vendent des perceuses et des tournevis. Les habitants s'en plaignent, le maire est prévenu, et quelques journaux et radios s'en font même l'écho : **« Rendez-nous notre fresque et notre Kylian ! »**, réclame-t-on dans toute la ville.

Le jeune homme n'a pas oublié d'où il venait, et il aime revenir à Bondy, comme il l'a fait à la fin de la saison 2016-2017 pour montrer le trophée de Champion de France qu'il a remporté avec… l'AS Monaco, devant un public en délire ! Alors, cette fresque, elle doit revenir, et vite !

C'est chose faite après la fin de la Coupe du Monde, le 18 juillet, quand une nouvelle affiche est enfin installée. Au grand soulagement des habitants, c'est de nouveau le visage souriant de Kylian Mbappé qui rayonne sur fond de drapeau tricolore, avec un message en forme de clin d'œil :

1998 A ÉTÉ UNE GRANDE ANNÉE
POUR LE FOOTBALL FRANÇAIS. KYLIAN EST NÉ.

Eh oui, lorsque l'équipe de France a remporté sa première Coupe du Monde, Kylian n'était pas encore né. Et c'est lui qui, **20 après**, va aider les Bleus à gagner leur deuxième étoile…

ET DEVENIR LA GRANDE STAR DU FOOTBALL MONDIAL !

LE GARS DE BONDY

Premières coupes !

UNE FAMILLE DE SPORTIFS

Dans la famille **Mbappé**, on aime le sport. Et pas seulement depuis l'explosion de **Kylian** et la multiplication de ses exploits sportifs. Les parents du numéro 10 de l'équipe de France sont eux-mêmes de grands athlètes : le papa, **Wilfrid**, est un footballeur de bon niveau, éducateur, né au Cameroun, un grand pays du football africain, et la maman, **Fayza**, est une excellente handballeuse d'origine algérienne.

Le 20 décembre 1998, jour de la naissance de Kylian, le premier enfant du couple, on ne parle plus ballons et terrains de sport à la maison… ou presque, puisque Kylian reçoit en cadeau un petit ballon, offert par l'un des membres de sa famille !

Wilfrid, un papa attentif

C'est à **Bondy** que les parents de Kylian ont posé leurs valises, et c'est dans cette petite ville tranquille de la banlieue nord de Paris que va grandir la future star du football international.

Comme beaucoup de futurs grands joueurs, Kylian a toujours eu un ballon entre les pieds, ou pas très loin ! Tout petit, il joue avec ses copains avant l'école, sous la surveillance de sa maman. Un peu plus grand, mais pas encore bien haut, il fait le maximum pour s'entraîner avec des enfants plus âgés et, à la maison, il ne cesse de répéter à son papa qu'il veut s'inscrire au **club de foot de Bondy**. Bref, le petit Kylian est dingue du ballon rond mais, à son jeune âge (il n'a pas 5 ans), pas question d'intégrer une école du foot. Le papa de Kylian, éducateur dans le club de Bondy, ne fait pas d'exception avec son garçon.

LA PREMIÈRE LICENCE

Ce mercredi de **septembre 2003** est un grand jour pour le petit Kylian : dans son sac de sport, il a soigneusement rangé ses chaussures, son short et son maillot, puis a patiemment attendu le début de l'après-midi pour se rendre avec son père, de l'autre côté de la rue, au stade de Bondy pour son premier entraînement de football.

C'est ici, avec ses amis, les éducateurs du club et son père, que Kylian va débuter sa formation de future star du foot. Pour son papa, Kylian est un joueur comme un autre, mais il se rend compte rapidement que son fils a **quelque chose de plus** que les autres enfants : il court vite, il est déjà très adroit avec le ballon et sa frappe de balle ne laisse pas indifférent.

Au bout de quelques mois, Kylian quitte les débutants pour jouer chez les poussins : c'est le premier d'une longue liste de **« surclassements »**, qui permettent aux meilleurs jeunes d'un club de se frotter à des enfants plus âgés qu'eux, et de favoriser leur progression. Celle de Kylian va être fulgurante !

PREMIÈRES COUPES !

Si tu aimes le foot, tu aimes aussi les footballeurs et les footballeuses, et peut-être as-tu accroché dans ta chambre les posters de tes joueurs préférés ?

Kylian Mbappé faisait, lui aussi, la même chose dans la chambre de son appartement à Bondy, et c'est **Cristiano Ronaldo** qui avait les faveurs de l'actuel joueur du PSG. C'est un très bon modèle ! Le joueur est alors la grande vedette du **Real Madrid**, un club avec lequel le célèbre numéro 7 va tout gagner : des Coupes d'Europe, des titres de Champion d'Espagne, mais aussi de prestigieuses récompenses individuelles, comme le Ballon d'Or.

CR7 EN CHIFFRES

Vainqueur de la Ligue des Nations 2019 avec le Portugal

Champion d'Europe 2016 avec le Portugal

Vainqueur du Mondial des Clubs à quatre reprises

Vainqueur de la Ligue des Champions à cinq reprises

Champion d'Angleterre, d'Espagne et d'Italie

Quintuple vainqueur du Ballon d'Or

Quatre fois Soulier d'Or européen (meilleur buteur en Europe)

Ronaldinho et **Zinédine Zidane** sont les deux autres footballeurs préférés de Kylian : deux joueurs très techniques, élégants et efficaces devant le but. Et tous les trois sont de redoutables dribbleurs, que Kylian cherche à imiter sur le terrain.

PEUT MIEUX FAIRE !

À la maison, les parents de Kylian veillent au grain : bien informés, ils savent que devenir joueur professionnel n'est pas chose aisée. Bon élève au club, Kylian est un peu plus dissipé à l'école. Si ses résultats scolaires sont plutôt bons, le futur champion a un problème : **il ne tient pas en place !** Toujours en mouvement, presque hyperactif, il aime rigoler et chahuter, mais ce n'est pas un élève « à problème ». Ses parents décident cependant de l'inscrire dans un collège privé catholique pour le recadrer et, selon eux, lui donner le plus de chances de réussite. Au Collège de l'Assomption, on ne rigole pas trop avec la discipline, et Kylian doit s'adapter à ce nouvel environnement.

Mais, de plus en plus, **c'est sur les terrains de football que Kylian commence véritablement à faire parler de lui.**

LE SAVAIS-TU ?

LE GRAND FRÈRE

Il a dix ans de plus que lui, il est devenu joueur professionnel, il appelle Wilfrid et Fayza « papa » et « maman », comme Kylian, même s'ils ne sont pas ses véritables parents. ***Jirès Kembo Ekoko*** *est l'autre grand modèle de Kylian. Celui de tous les jours. Jirès (son papa zaïrois lui a donné ce prénom en hommage à l'ancien joueur* ***Alain Giresse****, un excellent international français des années 1980) est venu tout petit du Zaïre, le pays d'origine de ses parents, et s'est installé très vite chez les Mbappé. À Bondy, c'est le papa de Kylian qui prend Jirès sous son aile. Les deux enfants deviennent très complices et se considèrent aujourd'hui encore comme deux frères. Jirès a intégré* ***l'INF Clairefontaine****, le centre de préformation de la Fédération Française de Football, avant de rejoindre le centre de formation de Rennes, et d'y signer son premier contrat professionnel.*

LE MEILLEUR DE MBAPPÉ

PETIT JOUEUR DEVIENDRA GRAND

Comme Ronaldo, Kylian est **très ambitieux** et rêve de devenir joueur professionnel. Peut-être as-tu remarqué la détermination de certains à faire partie des meilleurs ? Ces joueurs de foot ont du talent, mais aussi **ce petit « plus »** qui leur permet de devenir professionnels, puis, plus tard, de grandes stars.

Kylian Mbappé appartient à cette catégorie de joueurs. À Bondy, il passe très tôt le plus de temps possible au club, et on le voit régulièrement se faufiler entre deux portes pour ne pas manquer le discours ou les explications d'un coach. C'est **une véritable « éponge »**, qui semble enregistrer tout ce qui se dit, sur lui, mais aussi sur l'équipe, les conseils techniques ou tactiques des coachs. Il n'est pas encore très grand (aujourd'hui, Kylian mesure tout de même 1,78 m), mais sa maîtrise du ballon compense largement ces quelques centimètres de moins. À l'entraînement, il impressionne ses coéquipiers et ses entraîneurs. Et quand, en plus, on a un talent inné, **les résultats sont fous !**

Et ça marche, effectivement : sur le terrain, il applique les consignes à la lettre et progresse à grands pas. Il marque des dizaines de buts, mais il est aussi passeur. **Soucieux de faire progresser tous les joueurs**, les éducateurs n'oublient pas que le football est un sport collectif, où Kylian, comme n'importe quel autre joueur, doit aussi penser à l'équipe. Sa vitesse et ses qualités de dribble font des ravages dans les championnats de jeunes auxquels il participe. Il fait grande impression partout où il passe et, à Bondy, on se presse pour le voir jouer les jours de match ! Il fait d'autant plus forte impression qu'il a parfois plusieurs centimètres d'écart avec ses adversaires, car **Kylian ne jouera jamais dans sa catégorie d'âge**.

UN FUTUR CHAMPION

Prends le temps de faire une recherche vidéo sur Internet, tu pourras voir quelques images impressionnantes de Kylian quand il est tout petit : impossible de ne pas le reconnaître, tant son style et son allure sont les mêmes qu'aujourd'hui ! Roulettes, dribbles, petits ponts le long de la ligne de but ou de touche, toute la panoplie du futur champion y est !

Même s'il est régulièrement **surclassé**, c'est lui qui surclasse tout le monde ! Ici, deux buts et trois passes décisives, là, quatre buts en une mi-temps : Kylian est redouté par les défenseurs qui jouent contre lui, **la peur au ventre !**

Avec son équipe, il participe aux championnats de sa région, l'Île-de-France, et à des tournois. Certaines saisons seront plus difficiles que d'autres pour les équipes dans lesquelles il évolue : parfois, il faut se bagarrer jusqu'à la dernière journée pour se maintenir, car les autres équipes sont aussi remplies d'excellents joueurs. Dans ces moments forts, Kylian sait déjà être décisif en marquant des buts importants.

DES QUALITÉS HORS NORME

Dans chaque club, chaque équipe de football, il y a très souvent un joueur un peu meilleur que les autres, qui semble attirer le ballon… et les regards !

Si les autres clubs peuvent être bien fournis en bons joueurs, l'AS Bondy en tient un qui est **exceptionnel**. Les dirigeants et éducateurs du club en sont chaque jour de plus en plus conscients, au fur et à mesure que la liste des exploits de Kylian s'allonge : là, un but marqué après avoir dribblé toute l'équipe adverse ; ici, une frappe en pleine lucarne, ou une reprise de volée difficile parfaitement réalisée et, tout le temps, une vitesse balle au pied que beaucoup comparent à celle de **Ronaldo**, le grand joueur brésilien **Champion du Monde en 1994 et 2002.**

ur.fr
12

VOS COUR
12

LES PREMIERS MOMENTS CLÉS

En 2005, Kylian participe au tournoi U11 de Tremblay, un joli tournoi réputé, où se côtoient, pendant quelques jours, quelques-unes des plus grandes équipes du pays, mais aussi d'Europe. Là encore, **il impressionne le public** présent par son jeu spectaculaire et ses buts. Plusieurs dirigeants de clubs notent son nom : même si Kylian est jeune, il a déjà **une belle réputation**. Mais sa formation se déroule toujours sereinement, bien entourée par sa famille, à Bondy.

2009 : Kylian a maintenant 11 ans. Pour la première fois, il va porter **le maillot d'un club professionnel français**. Surprise, ce n'est pas Monaco ou le PSG qui parviennent à convaincre les parents de Kylian, mais… **le Stade Rennais !** Le club avait réussi à attirer **Jirès en 2004**, et il espère secrètement réussir le même coup avec son petit frère adoptif.

Depuis quelques années déjà, le club breton est l'un des **meilleurs clubs formateurs de France** : à l'occasion de la Gif Cup, un tournoi à Gif-sur-Yvette, dans la région parisienne, Rennes teste des joueurs afin de les observer pour leur proposer ensuite d'intégrer leur centre de formation. Kylian endosse la tunique rouge et noire des Bretons et, comme d'habitude, **il fait un malheur**.

LES POINTS FORTS DE MBAPPÉ

- *Une très grande rapidité balle au pied, calculée jusqu'à 38 km/h lors d'un match PSG/Monaco en avril 2019, soit un peu plus vite que la vitesse moyenne d'Usain Bolt lors d'un 100 mètres !*
- *Des déplacements toujours judicieux, ce qui permet à Kylian d'être toujours bien placé.*
- *Une capacité incroyable à cadrer la plupart de ses frappes au but.*
- *Une aisance technique balle au pied hors norme, lui permettant de réussir et de tenter de nombreux dribbles.*
- *Une simplicité dans le jeu, avec des passes et un vrai sens du collectif.*
- *Une maturité étonnante pour un si jeune joueur, qui le conduit à jouer toujours libéré, et avec beaucoup d'insouciance…, et d'être à l'aise devant les caméras !*

À LA CLAIREFONTAINE

Clairefontaine, l'équipe de France, les Bleus, **les Champions du Monde…** Tout le monde connaît le mythique lieu de rassemblement et de préparation des matches des tricolores. Mais Clairefontaine, c'est aussi **l'Institut National du Football (INF)**, un centre qui permet à de jeunes joueurs de suivre pendant deux ans une préformation de haut niveau.

Parmi les **2 000 candidats** de la promotion **1998**, un certain Kylian Mbappé se présente pour des tests techniques et des matches d'entraînement très disputés ! Car seuls 20 joueurs seront finalement choisis ! Évidemment, Kylian **en fait partie**, tant ses qualités sautent aux yeux des éducateurs de la Fédération Française de Football.

Pendant deux ans, c'est au cœur de la forêt de Rambouillet, à Clairefontaine, que l'actuel joueur du PSG va peaufiner sa formation.

Ce sont deux belles années pour le jeune footballeur : avec ses copains de la promotion 1998, il va progresser dans des secteurs du jeu où il n'était habituellement pas sollicité à Bondy, comme le replacement défensif. Et en dehors des terrains, il reste un garçon **très jovial**, toujours de **bonne humeur** et **rigolard**.

Il fait grande impression auprès des responsables techniques du centre, qui ont pourtant vu défiler une ribambelle de superbes joueurs, tels **Hatem Ben Arfa**, **Samir Nasri**, **William Gallas**, **Thierry Henry** ou **Nicolas Anelka**. Mais Kylian a ce petit « plus » qui en fait un joueur si particulier, car tout ce qu'il réussit semble facile pour lui, alors que d'autres travaillent très dur pour atteindre le même niveau.

« BONJOUR, MONSIEUR ZIDANE »

Lors d'un match amical entre les jeunes de Clairefontaine et ceux du **Real Madrid**, Kylian sort une nouvelle fois le grand jeu… au point d'être invité par le club espagnol !

Émerveillé, Kylian visite les installations avec un prestigieux guide, un certain **Zinédine Zidane** ! Il participe à des entraînements et fait même un match à la Castilla, le célèbre centre d'entraînement du Real. Cerise sur le gâteau, il pose avec son idole **Cristiano Ronaldo** pour une série de photos, toujours en bonne place dans son album personnel. Les parents de Kylian estiment que Madrid n'est pas la meilleure destination pour leur fils : une nouvelle langue, un nouvel environnement, un club où tous les joueurs sont scrutés, **cela leur fait un peu peur**. C'est donc en France que l'avenir de Kylian va se jouer.

LE SAVAIS-TU ?

Intégrer un centre de formation est un rêve pour de nombreux joueurs, peut-être même est-ce le tien. La compétition est rude entre clubs, qui tentent d'enrôler dans leurs rangs les futurs joueurs professionnels. Il existe même un classement où entrent en ligne de compte le nombre de contrats signés, mais aussi le nombre de matches joués par les jeunes en Ligue 1, et les résultats scolaires. À ce petit jeu, Lyon, le PSG, Monaco, Rennes et Nantes sont de bons élèves.

UNE VÉRITABLE COMPÉTITION ENTRE CLUBS

Les scouts sont les recruteurs des clubs professionnels, chargés de repérer avant les autres les joueurs susceptibles d'intégrer les centres de formation. Et, dans ce petit monde, le nom de Mbappé commence à être très connu.

Mais Kylian est **un peu trop jeune** pour intégrer un centre de formation : **il n'a pas encore 15 ans !** Ses parents, très informés sur les usages en vigueur dans les clubs, continuent de protéger leur fils. Les rencontres se multiplient avec leurs représentants. En France, Rennes, Lens, Caen, le PSG et Bordeaux sont prêts à lui faire signer une sorte de précontrat. Bientôt, il faudra décider de la destination de Kylian, car c'est sûr, maintenant : il va intégrer un centre de formation pour réaliser son rêve de devenir joueur professionnel.

L'HEURE DU CHOIX

En mai 2011, Kylian a désormais 13 ans : lors de la rentrée scolaire 2013-2014, tout le monde sait qu'il va devoir quitter Bondy, sa famille, ses amis, pour rejoindre un centre de formation. Pour la famille Mbappé, comme pour toutes les familles de joueurs concernés, il s'agit d'**un choix important**.

Les parents de Kylian ont écarté assez vite les clubs étrangers de la course. Eh oui, la réputation du prodige de Bondy a dépassé les frontières de l'Hexagone ! Après le **Real Madrid**, c'est **Chelsea** qui a invité Kylian à jouer un match (gagné, évidemment !) sous les couleurs des Blues, et le garçon a alors rencontré **Didier Drogba**, l'ancien grand joueur du club londonien.

Mais c'est en France que Wilfrid et Fayza veulent que leur fils continue sa progression, dans un environnement à taille humaine, où il ne sera pas trop dépaysé. Deux clubs sont en course : **le Stade Malherbe de Caen** et le **Racing Club de Lens**, alors plutôt bien installés en Ligue 1, et c'est finalement le club normand qui réussit à convaincre la famille. Malheureusement pour le jeune joueur (et surtout pour Caen !), le club ne pourra pas remplir ses engagements, et Kylian choisira une nouvelle destination : **ce sera l'AS Monaco**.

LA FORMATION À L'AS MONACO

C'est avec le célèbre maillot rouge et blanc de l'AS Monaco que Kylian Mbappé a fait ses débuts au plus haut niveau, en France et en Europe. Un aboutissement pour tout jeune passé par tous les stades d'une formation classique de footballeur, comme Kylian.

Si le club de Monaco est **prestigieux**, il est pourtant en **Ligue 2** au moment de la signature de Kylian. Et il est bien loin de Bondy, d'où les parents du jeune garçon ne voulaient pourtant pas trop l'éloigner.

Mais Monaco a **un projet sportif ambitieux** pour les années à venir. L'arrivée de nouveaux investisseurs russes a changé la donne. Des jeunes très talentueux comme Kylian arrivent en formation et des joueurs confirmés sont transférés sur les bords de la Méditerranée, comme **James Rodríguez**, **Falcao**, **Jérémy Toulalan** ou **João Moutinho**. Le projet a convaincu l'entourage de Kylian, rassuré.

C'est dans l'équipe des **U17** que Kylian évolue pendant sa première année. Même si son père l'accompagne, il doit découvrir un nouvel environnement, un nouvel entraîneur et de nouvelles méthodes : ce n'est pas facile, même quand on s'appelle Kylian Mbappé !

LE TEMPS DU DOUTE

Kylian a du mal à trouver ses marques. À l'entraînement comme les jours de match, il semble **un peu perdu** sur le terrain. Il n'est pas toujours titulaire, et il est même relégué en **équipe de réserve**, qui évolue au niveau régional.

Le centre de formation est un moment crucial dans la vie d'un joueur de football. Certains jeunes ont du mal à être séparés de leurs parents, d'autres affichent leurs limites sur le terrain. Et les éducateurs du club sont très exigeants avec tous les joueurs, même avec ceux qui ont effectué un essai au Real Madrid !

La première saison du jeune prodige est un peu décevante, avec seulement cinq buts marqués, quand on se souvient à Monaco qu'un certain **Thierry Henry** – l'une des légendes du club – avait marqué la bagatelle de quarante-deux buts lors sa première année en U17 !

Vient le temps du doute et des questions pour Kylian et ses parents. A-t-il fait les bons choix ? Est-il vraiment destiné à devenir professionnel ? À la fin de la saison 2013-2014, alors que le jeune joueur a 15 ans, ces interrogations restent sans réponses. Pour la saison suivante, le père de Kylian demande aux dirigeants de Monaco de mieux prendre en compte les qualités de son fils. Et tout le monde espère que Kylian va définitivement s'intégrer à son nouvel environnement.

L'ÉCLOSION

Une nouvelle équipe d'éducateurs s'occupe désormais des jeunes nationaux U17 de l'AS Monaco pendant cette saison 2014-2015. Et il faut croire que cela réussit à Kylian : mis en confiance dès le premier match en U17 nationaux (deux buts), il réalise **un excellent début de saison**. Son père, le club et ceux qui suivent avec attention Kylian sur les terrains d'entraînement de la Turbie retrouvent le joueur insaisissable qu'ils connaissent si bien ! Il marque but sur but avec son équipe, et il reprend ses vieilles habitudes de Bondy en étant surclassé dans l'équipe des U19. Là encore, il s'impose dans un groupe pourtant d'un excellent niveau et marque plusieurs buts importants. Kylian découvre aussi une nouvelle compétition, **la Youth League**, qui oppose les équipes U19 des clubs engagés en Ligue des Champions !

LE SAVAIS-TU ?

Le maillot de Monaco a été dessiné… par une princesse ! *C'est en effet la princesse Grace de Monaco qui a conçu cette belle tunique dans les années soixante.*

KYLIAN RACONTE

« Au début de la séance, les joueurs me demandaient si j'étais à l'essai. Quand je leur ai dit que j'avais 16 ans, ils étaient un peu choqués. Ils pensaient que j'en avais trois de plus. Le coach m'a demandé également si j'étais un nouveau. Je lui ai répondu que j'étais déjà là depuis trois ans. À la fin de l'entraînement, il m'a dit de revenir le lendemain et m'a demandé les coordonnées de mon père. »

Citation tirée du livre *Kylian Mbappé*, de Luca Caioli et Cyril Collot, Marabout, 2018.

Kylian se sent bien avec des joueurs plus grands et dans un championnat plus relevé. S'il « « redescend » avec plaisir en U17, il se rend vite **indispensable aux U19**, que les joueurs adoptent comme une véritable **mascotte**… et une arme fatale devant les buts adverses !

LE RAPIDE CHEMIN VERS L'ÉQUIPE PRO

Kylian a maintenant 16 ans, une tête bien faite et quelques centimètres de gagnés, qui lui donnent une allure toujours aussi longiligne. Il est en pleine forme et **« bien dans ses baskets »** à Monaco.

Il débute la saison chez les U19 sur les chapeaux de roues avec quatre doublés lors des quatre premiers matches ! Ses performances ne laissent pas indifférents les entraîneurs des équipes seniors du club, et Kylian est appelé dès octobre pour jouer en **CFA**, le troisième échelon national dans la hiérarchie du football français, puis pour **participer aux entraînements** avec les joueurs de Ligue 1 !

Aucun joueur ne sait qui est alors Kylian, mais ils vont vite apprendre à mieux le connaître.

En novembre 2015, Kylian entame ses premiers entraînements **aves les pros** et, dans la foulée, il reçoit sa première convocation dans le groupe de Ligue 1 pour aller jouer à **Marseille**. Mais Kylian n'entre pas en jeu au stade Vélodrome. Il devra attendre pour fouler pour la première fois une pelouse de Ligue 1, le

2 décembre exactement, en entrant à la 88e minute du match opposant les rouge et blanc au **Stade Malherbe de Caen**, le même club qui avait failli l'enrôler quelques années plus tôt !

À 16 ans, 11 mois et 12 jours, Kylian bat tout de même **le record du plus jeune joueur à porter le maillot de l'AS Monaco**, devançant ainsi Thierry Henry.

Mieux encore, il fait dès la semaine suivante ses débuts en **Ligue Europa** contre **Tottenham**, et il inscrit dans la foulée son premier but en Championnat de France. Là encore, il devance Thierry Henry en devenant **le plus jeune buteur de l'histoire de l'AS Monaco**, en marquant le troisième but contre Troyes : Kylian a 16 ans et 2 mois. Sur la vidéo de ce premier but, Kylian s'amuse à célébrer cette réalisation avec une drôle de danse, la première d'une très longue liste.

LE SAVAIS-TU ?

Kylian n'est pas le plus jeune joueur de l'histoire de la Ligue 1. Le record est détenu depuis 1978 par Laurent Paganelli, qui a joué avec Saint-Étienne son premier match pro à l'âge de 15 ans, 10 mois et 5 jours. « Paga » est aujourd'hui l'un des commentateurs vedettes des matches sur Canal +.

« IL NE SORT PAS D'UN CHAPEAU »

Les fans de foot font connaissance avec Kylian Mbappé durant la saison 2016-2017. Quand on lui demande comment un si jeune joueur peut déjà avoir un tel niveau, son père Wilfrid convient que « c'est une évolution rapide », mais que Kylian « ne sort pas d'un chapeau ». Lui plus que quiconque sait le chemin parcouru pas son fiston depuis Bondy.

En fin de saison, Kylian revient jouer avec ses copains en U19 pour la **Coupe Gambardella, la Coupe de France des U19**. Les jeunes de l'AS Monaco réalisent un superbe parcours et se qualifient pour la finale au Stade de France – juste avant celle des « grands », qui oppose cette année-là le PSG à l'OM – le 21 mai 2016.

Kylian n'a rejoint ses coéquipiers qu'en demi-finale, car il était toujours convoqué en Ligue 1, où il a continué son apprentissage au plus haut niveau. En demi-finale contre Brest, il offre à son copain **Irvin Cardona** le premier but, avant de marquer lui-même le second but monégasque. En finale, le même scénario

se répète, mais Kylian réalise cette fois un doublé, qui met à genoux son adversaire, le RC Lens. C'est lui le meilleur joueur de la finale, il réalise même plusieurs interviews auprès de journalistes curieux de mieux connaître ce garçon, qui semble jouer dans une autre dimension. Quelques minutes plus tard, il soulève son premier trophée devant toute sa famille, qui a fait le court déplacement de Bondy à Saint-Denis !

LE PREMIER TROPHÉE INTERNATIONAL

L'été est magnifique pour Kylian, puisqu'il s'envole ensuite pour l'Allemagne afin de participer au Championnat d'Europe de football des moins de 19 ans. Il n'est pas un véritable pilier de cette sélection (voir p. 39), mais il se fond facilement dans le groupe. Il faut dire que ses coéquipiers le connaissent pour beaucoup de réputation et sont tous ravis de le voir les rejoindre pour cette phase finale. D'autant plus que la préparation de l'Euro a été compliquée, avec une seule victoire en trois matches.

Mbappé avait déjà donné un gros coup de main à l'équipe en étant décisif lors des deux derniers matches qualificatifs, en marquant deux buts contre le **Danemark** (4-0) et la **Serbie** (1-0) : deux buts, des passes, et toujours cette activité débordante et de la vitesse, qui font perdre la tête à ses adversaires.

En Allemagne, les défenseurs des meilleures équipes d'Europe font connaissance avec un duo d'enfer, composé de **Jean-Kévin Augustin** (aujourd'hui joueur appartenant au RB Leipzig) et de l'inévitable Kylian Mbappé. Après la défaite d'entrée contre l'Angleterre, les Bleuets se ressaisissent en assurant leur qualification pour les demi-finales (et aussi le Championnat du

Monde), avec deux belles victoires contre la **Croatie** et les **Pays-Bas**, où les deux compères de l'attaque bleue font un malheur.

Les deux joueurs confirment leur talent en demi-finale et en finale, permettant au capitaine **Lucas Tousart** de soulever la coupe, **le premier trophée international de Kylian !**

LE PARCOURS DES BLEUETS EN ALLEMAGNE POUR L'EURO U19

MATCHES DE POULE

France 1 *– 2 Angleterre*

Croatie 0 – ***2 France*** *(un but de Kylian)*

Pays-Bas 1 – ***5 France*** *(deux buts de Kylian)*

DEMI-FINALE

Portugal 1 – ***3 France***
(une passe décisive et deux buts de Kylian)

FINALE

France 4 *– Italie 0*

Meilleurs buteurs : *Augustin (FRA) : six buts, Mbappé (FRA) : cinq buts*

2017 : L'EXPLOSION D'UN PHÉNOMÈNE

La saison 2016-2017 est une année très importante dans la carrière de Kylian. C'est probablement à ce moment-là que le grand public (et toi aussi peut-être) a découvert ce joueur **incroyable**, **rapide**, **virevoltant** et d'une efficacité clinique devant le but : **un vrai chirurgien du ballon !**

La Ligue 1 est parfois critiquée pour son niveau jugé trop faible par certains. Elle a quand même l'énorme avantage de nous faire découvrir régulièrement des jeunes joueurs incroyables, comme ces derniers mois avec le milieu de terrain **Eduardo Camavinga** (Rennes) et, fin 2016, Kylian Mbappé.

DU BON… ET DU MOINS BON

En ce début de saison, tout va bien pour Kylian : il a finalement eu son baccalauréat au rattrapage en septembre, il a signé un peu plus tôt son premier contrat professionnel, et il va pouvoir jouer dans une équipe de Monaco ambitieuse, qualifiée pour la **Ligue des Champions**, une compétition que Kylian va découvrir pour la première fois.

Malheureusement, le natif de Bondy fait une commotion cérébrale après **un choc tête** contre tête avec un joueur de Guingamp et doit manquer plusieurs matches. La fatigue de l'été se fait un peu sentir et Kylian a du mal à s'imposer : c'est aussi ça, le haut niveau ! Il ne joue que quelques minutes de matches en Ligue 1 et il retourne même quelque temps en U19.

PUIS DU TRÈS BON !

À la faveur de sa deuxième titularisation seulement depuis le début de la saison, Kylian va enfin être en mesure de montrer toute l'étendue de son talent. Ce soir d'octobre, la victime s'appelle **Montpellier**, et elle repart du stade Louis-II de Monaco avec une défaite 6-2. Kylian est le principal artisan de ce festival offensif. Sur son côté gauche, il est insaisissable. Des courses incroyables, des centres précis, des passes décisives, des tirs et un but : Kylian prouve à ceux qui en doutaient encore qu'il sait tout faire, même marquer de la tête, sa (petite) faiblesse !

La fin de l'année 2016 est du même niveau : quatre titularisations en Ligue 1, deux buts contre **Nancy** et **Bastia** et cinq passes décisives. Kylian se régale auprès de **Bernardo Silva**, **Radamel Falcao** et **Valère Germain**, les principaux animateurs offensifs de la meilleure attaque du championnat. À la fin des matches aller, Monaco est confortablement installé dans le trio de tête, avec le **PSG** et **Nice**.

LA CERISE SUR LE GÂTEAU

Lors d'un match de Coupe de la Ligue contre le Stade Rennais, Mbappé s'illustre de nouveau en marquant trois buts : c'est **un nouveau record** qui tombe pour l'attaquant puisqu'à 17 ans, 11 mois et 24 jours, il devient le plus jeune joueur de l'AS Monaco à réaliser cet exploit ; **deux buts en 21 minutes** pour commencer – et un troisième but en deuxième mi-temps pour enfoncer le clou et participer au festival de son équipe (7-0).

UN BUT À LA MBAPPÉ

Le premier but contre Rennes en huitième de finale de la Coupe de la Ligue 2016-2017 porte vraiment la griffe de Kylian Mbappé : un appel de balle tranchant sur le côté gauche, une course fluide pour s'approcher du but adverse, et une belle frappe du plat du pied bien ajustée, qui ne donne aucune chance au gardien.

Signé Mbappé !

SYNERGIE
13
FEDCOM
11

SYNERGIE

À LA DÉCOUVERTE DE LA LIGUE DES CHAMPIONS

Les clubs français sont souvent en difficulté dans la plus prestigieuse compétition européenne. Mais lors de cette saison 2016-2017, Monaco est plutôt à l'aise sur les terrains européens. Placé dans le groupe de **Tottenham**, **Leverkusen** et du **CSKA Moscou**, Monaco finit première de son groupe avec une seule défaite. Kylian ne participe que de loin à cette qualification, mais le printemps et les matches décisifs éliminatoires vont lui permettre de se mettre en valeur, et de quelle manière !

Le premier adversaire des rouge et blanc est Manchester City, l'ambitieux club du nord de l'Angleterre. Au match aller, c'est **un grand spectacle** qui se joue à l'Etihad Stadium, puisque les Citizens remportent cette première manche **cinq buts à trois**. Kylian est l'auteur du but 2-1 pour Monaco à la 40e minute, une superbe frappe en pleine lucarne. C'est son premier but en Ligue des Champions, et il devient alors le deuxième plus jeune joueur français à marquer dans la compétition européenne la plus relevée.

Au match retour, Monaco doit s'imposer de deux buts d'écart pour aller en quarts de finale. Encore une fois, Kylian se met très vite en valeur, puisqu'il ne lui faut que **8 minutes** pour trouver le chemin des filets. Et en

deuxième mi-temps, c'est une contre-attaque menée à cent à l'heure qui est à l'origine du deuxième but monégasque. Comme tous ses coéquipiers, il souffre en fin de match, et Manchester City marque un but, qui élimine virtuellement les rouge et blanc, mais **Tiémoué Bakayoko** libère le stade Louis-II en inscrivant le but de la victoire quelques instants plus tard.

Le lendemain, la presse anglaise est unanime : ce Kylian Mbappé, que personne ou presque ne connaissait dans ce grand pays du football qu'est l'Angleterre, **n'est pas un joueur comme les autres**. Peut-être même est-il meilleur que Thierry Henry, **la référence des joueurs français outre-Manche ?**

À L'ATTAQUE DU « MUR JAUNE »

Après l'Angleterre, c'est l'Allemagne qui fait la connaissance de Kylian. En effet, le redoutable **Borussia Dortmund** et son fameux **« mur jaune »** de supporters se dressent devant Monaco.

Au match aller, à Dortmund, Kylian s'illustre de nouveau avec deux buts : un marqué… du genou, et l'autre après un superbe face-à-face remporté contre le gardien suisse de Dortmund, **Roman Bürki**. Il s'agit de son premier doublé européen ! Et il provoque en plus un penalty, malheureusement manqué par **Fabinho**.

PARIONS
sport
FEDCOM

CÉLÉBRATION !

Une longue glissade sur les genoux, bras croisés sur le ventre, en regardant le public : si tu aimes Kylian, tu reconnais probablement là sa marque de fabrique, cette façon si particulière qu'il a de célébrer ses buts.

Eh bien, c'est lors du match contre le Borussia Dortmund qu'elle a été réalisée la première fois. Pour Kylian, c'était un clin d'œil à son petit frère, qui fêtait, lui aussi, ses buts de cette façon… sur Playstation ! Ce dernier a demandé à son aîné de faire de même en match, et Kylian a relevé le défi.

Au match retour, au stade Louis-II, Kylian s'améliore encore puisqu'il ne lui faut que trois minutes pour trouver le chemin des filets, en profitant d'une erreur du gardien du Borussia ! Le jeune joueur démontre qu'il est aussi un chasseur de buts, **opportuniste** et très **réaliste**. Cette nouvelle performance permet de lancer les siens vers une qualification plutôt tranquille pour les demi-finales, après une victoire finale 3-1.

CONTRE LA « VIEILLE DAME »

En demi-finale, c'est l'une des bêtes noires des clubs français qui est opposée à Monaco, la **Juventus de Turin**. Surnommé **« la vieille dame »**, le club du nord de l'Italie est un habitué de ces matches éliminatoires à suspense. Son effectif est complet, composé de joueurs expérimentés, à l'image du trio défensif **Barzagli-Chiellini-Bonucci**, auxquels Kylian va devoir se frotter.

La Juve est fidèle à sa réputation. Au match aller, à Monaco, les Italiens s'imposent deux buts à zéro. Pourtant, Kylian et les attaquants monégasques n'ont pas ménagé leurs efforts. Mais le gardien adverse s'appelle **Gianluigi Buffon**, et il est probablement le meilleur gardien du monde à ce moment-là. De plus, les attaquants de la Juve ont été, comme d'habitude, très réalistes devant le but.

Jeep
adidas
19

Au match retour, les Italiens sont de nouveau très efficaces et marquent deux buts, enterrant ainsi les espoirs de Monaco. En deuxième mi-temps, Kylian sauve l'honneur de son équipe en inscrivant un but à bout portant après une passe de **Moutinho**. Ce but n'est pas anodin, puisque Kylian devient alors **le plus jeune joueur de l'histoire de la Ligue des Champions à marquer à ce niveau de la compétition !**

En fin de match, c'est **Buffon en personne** qui vient réconforter le jeune monégasque, forcément déçu : une vraie marque de reconnaissance d'un immense champion envers **une future star !**

QUELLE FIN DE SAISON !

L'élimination contre la Juventus digérée, Monaco et Kylian se replongent dans le **Championnat de Ligue 1** : la fin de saison est haletante. À quelques journées du terme, Monaco est toujours en tête, mais le PSG est à l'affût, prêt à profiter du moindre faux pas des rouge et blanc.

Kylian, on l'a vu, cartonnait en Europe, mais était aussi très efficace en Ligue 1. Même si son entraîneur **Leonardo Jardim** le ménage encore dans les grandes rencontres (il ne participe que très peu – 1 minute – aux chocs contre l'OM et le PSG), Kylian se régale au sein d'une équipe très portée sur l'attaque, et qui finira d'ailleurs meilleure attaque de la saison avec cent sept buts marqués ! Les trois buts inscrits pendant les matches aller sont un avant-goût du festival des matches retour, où Kylian marque à douze reprises en dix-huit matches. Il se fait aussi passeur, avec huit passes décisives cette saison-là... et il obtient des penaltys. **Il est intenable !**

Le 17 mai est une journée importante : dans ce match en retard du championnat, Monaco a juste besoin d'un nul pour remporter le titre. Mieux que cela, Monaco s'impose grâce à son détonateur : Kylian débloque le match en trompant la vigilance des défenseurs centraux grâce à sa pointe de vitesse ; il dribble **Stéphane Ruffier** et pousse tranquillement le ballon dans le but vide.

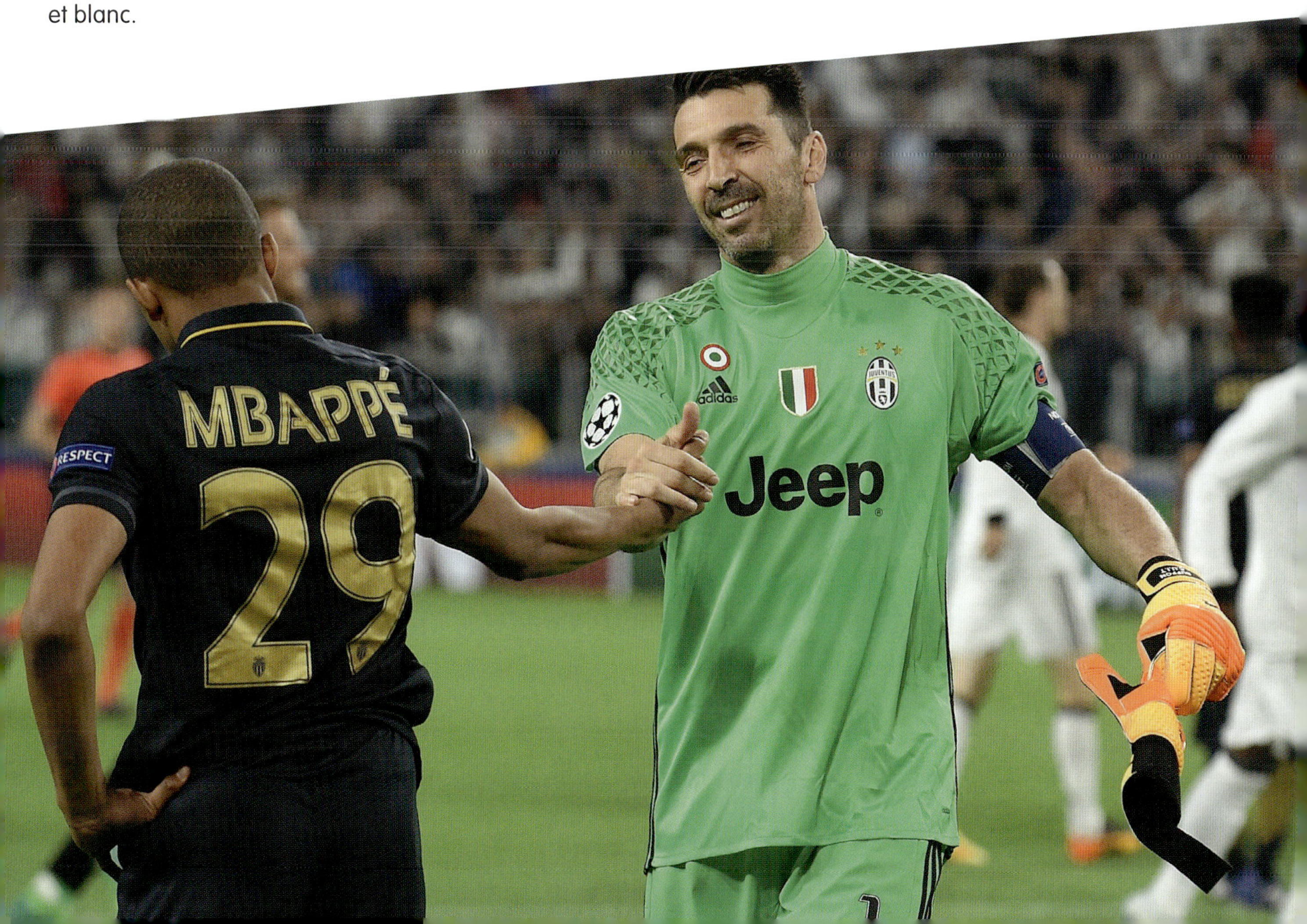

Le club de Monaco est logiquement sacré **Champion de France 2016-2017 !** Le doublé n'est pas loin, mais le PSG prend sa revanche en finale de la Coupe de la Ligue en s'imposant 4-1.

Il s'agit du **premier titre national** pour Kylian, et ses coéquipiers partent en virée pour une grande fête, dans la continuité des feux d'artifice tirés dans un stade Louis-II en liesse. Mais Kylian rentre tranquillement chez lui, comme s'il était déjà un peu ailleurs.

SES BUTS VERS LE TITRE AVEC MONACO

7 février : *un but contre Montpellier – victoire 2-1*

11 février : *trois buts contre Metz – victoire 5-0*

5 mars : *deux buts contre Nantes – victoire 4-0*

11 mars : *un but contre Bordeaux – victoire 2-1*

19 mars : *deux buts contre Caen – victoire 3-0*

23 avril : *un but contre Lyon – victoire 2-1*

29 avril : *un but contre Toulouse – victoire 3-1*

17 mai : *un but contre Saint-Étienne – victoire 2-0*

Bilan de la saison : *vingt-six buts toutes compétitions confondues et quatorze passes décisives.*

LE PSG : RETOUR À LA MAISON

ICI, C'EST PARIS !

C'est en effet à **Paris** que Kylian pose ses valises le dernier jour du mercato officiel de l'été. **Le 30 août**, le PSG annonce son transfert de l'AS Monaco pour la somme de **180 millions d'euros**. Avec l'arrivée de **Neymar Jr** ce même été, le PSG réalise un mercato de folie ! Kylian devient **le deuxième transfert le plus cher de l'histoire du foot**, et le joueur français le plus cher, devançant déjà **Zidane**, **Platini** et tous les autres.

Kylian est ravi d'arborer le maillot du PSG, le club de la ville qui l'a vu naître 19 ans plus tôt. De plus, la perspective de jouer avec Neymar enchante le jeune Parisien. Et il est surtout persuadé que Paris est le club idéal pour progresser dans un championnat qu'il commence à bien connaître, pour le bonheur des spectateurs et le malheur des défenseurs de Ligue 1 !

Sa saison ne débute véritablement que lors de la cinquième journée, au cours d'un déplacement à **Metz**, l'adversaire idéal pour se familiariser avec ses nouveaux coéquipiers. Et la saison démarre très fort, avec le premier but d'une série de treize.

En club, c'est une saison de transition pour Kylian : des nouveaux partenaires, un nouvel entraîneur, **Unai Emery**, un nouveau stade, le Parc des Princes, et de nouveaux supporters. Il faut digérer tout cela, même quand on se nomme Kylian Mbappé ! D'autant plus que Kylian évolue avec quelques-uns des meilleurs joueurs du monde : **Neymar** bien sûr, mais aussi l'icône parisienne **Edinson Cavani**, l'argentin **Ángel Di María** et l'Allemand **Julian Draxler**, tous capables de marquer à n'importe quel moment d'un match. Kylian ne joue pas avant-centre, laissant ce poste à Cavani, **le matador uruguayen**.

Et à Paris, il y a un peu plus de pression et d'attente qu'ailleurs : ses performances sont suivies avec beaucoup d'attention. Quelques matches sont même décevants, et Kylian se montre parfois **un peu agressif**, comme un soir à Marseille, où il reçoit un carton jaune logique après avoir attrapé le bras de l'arbitre en se plaignant auprès de lui.

LA LIGUE 1 SURVOLÉE

En Ligue 1, le PSG renoue avec le succès et remporte cette saison un nouveau titre de **Champion de France**. Meilleure attaque, meilleure défense, vingt-neuf victoires, six nuls et seulement trois défaites : le bilan du PSG est satisfaisant. Au Parc, les supporters ont été gâtés, puisqu'ils ont vu leur équipe favorite inscrire soixante-dix buts !

Kylian participe évidemment à ce festival en marquant treize buts et en délivrant sept passes décisives. Mais sa saison est un peu moins bonne que la précédente, sous le maillot de l'AS Monaco. Il se blesse en janvier, et il récolte **le premier carton rouge** de sa jeune carrière, pour un vilain coup porté à un joueur rennais en demi-finale de la Coupe de la Ligue.

LES CLUBS QUI ONT ENCAISSÉ AU MOINS UN BUT DE KYLIAN PENDANT LA SAISON 2017-2018

Angers – quatre buts
Metz – deux buts
Marseille – un but
Dijon – un but
Caen – un but
Rennes – un but
Lille – un but
Strasbourg – un but
Bordeaux – un but

Mais encore une fois, il réalise **une excellente saison**, au vu de son jeune âge, et le phénomène n'a pas fini de nous surprendre.

LA DÉCEPTION EUROPÉENNE

La phase de poules se passe très bien pour le PSG, et Kylian en particulier. Placé dans la poule du **Celtic Glasgow**, **d'Anderlecht** et du **Bayern Munich**, Paris impressionne, avec notamment trois superbes victoires à domicile, quinze buts marqués et un seul encaissé. À l'extérieur, seul le Bayern réussit à vaincre le PSG, qui se qualifie tranquillement pour les huitièmes de finale. Kylian ajoute trois buts à sa collection. Tout va pour le mieux.

La **MCN** est le nom donné au trio **Mbappé-Cavani-Neymar**, en écho à la **BBC** du Real Madrid, composée de **Karim Benzema**, **Christian Bale** et **Cristiano Ronaldo**. Cela tombe bien, ces deux équipes vont s'affronter en huitième de finale de la Ligue des Champions !

Au match aller, Paris se déplace dans l'un des plus grands stades européens, le **Santiago-Bernabéu**, à Madrid. La prestation de Kylian est particulièrement surveillée en Espagne, car tout le monde sait l'intérêt que lui portait ce club avant que Kylian ne choisisse finalement Monaco, plus jeune, et Paris l'année précédente. Dans les deux cas, le Real s'était positionné pour faire revêtir à Kylian la célèbre tunique blanche des Merengues, en vain. De plus, **Kylian va affronter pour la première fois son idole de jeunesse, Cristiano Ronaldo !**

Mais le jeune footballeur manque son match. Pourtant, c'est son centre mal repoussé par le gardien que reprend victorieusement **Adrien Rabiot**, pour le but du 0-1. Le Real et sa vedette **CR7** (deux buts) réagissent en champions en inversant superbement la tendance et remportent finalement la partie trois buts à un.

Le match retour s'annonce passionnant. Paris doit l'emporter par deux buts d'écart pour se qualifier ! Le hic, c'est que Neymar s'est blessé quelques jours plus tôt, et qu'il manquera à coup sûr ce match – puis tous les matches de Paris jusqu'à la fin de la saison. L'attaque parisienne repose donc sur **le duo Mbappé-Cavani**, pour une double confrontation très attendue.

Là encore, Cristiano Ronaldo sort un gros match, en marquant un nouveau but qui **assomme Paris** en début de seconde mi-temps. L'élimination est logique : le PSG a été battu par meilleur que lui et Kylian a constaté l'écart qui le sépare encore des très grands joueurs, en l'occurrence CR7.

Quelques mois plus tard, en juillet, du côté de la Russie, les commentaires n'auront pas la même saveur !

LES PREMIÈRES RÉCOMPENSES INDIVIDUELLES

Ces deux premières saisons en pro ont tout de même été très positives pour Kylian. Il a remporté deux titres de **Champion de France**, une **Coupe de France**, une **Coupe de la Ligue**, et il a ouvert – et de quelle manière ! – son compteur de buts en **Ligue des Champions**.

Logiquement, ces performances de haut niveau attirent l'œil du public, des journalistes, mais aussi des autres joueurs. Les années 2017 et 2018 voient ainsi Kylian apparaître dans de nombreux classements ou prix.

Il remporte notamment le **Prix Kopa**, du nom d'un ancien grand joueur français des années cinquante. Ce prix récompense le meilleur joueur du monde de moins de 21 ans : Kylian a une vraie longueur d'avance sur les autres joueurs de la liste, comme **Christian Pulisic** ou **Justin Kluivert**, respectivement 2e et 3e du classement.

À la fin de l'année 2018, Kylian est aussi choisi par les Français comme sportif tricolore de l'année. Il devance notamment le champion de biathlon **Martin Fourcade** et l'athlète **Kevin Mayer**, mais aussi ses copains de sélection **Raphaël Varane** et **Antoine Griezmann**.

Cette popularité doit beaucoup au parcours de Kylian en équipe de France : **tout a commencé... en 2014 !**

Fly
Emirates

LES RÉCOMPENSES INDIVIDUELLES DE KYLIAN MBAPPÉ AVANT LA COUPE DU MONDE

Joueur du mois *en avril 2017 et mars 2018*

Meilleur espoir de la Ligue 1 *: 2017 et 2018*

Membre de l'équipe-type de Ligue 1 *en 2017 et 2018*

Membre de l'équipe-type de la Ligue des Champions *2017*

Vainqueur du Golden Boy *2017*

Deuxième meilleur joueur français *de l'année 2017*

Septième au classement du Ballon d'Or *2017*

Révélation française *de l'année 2017 pour le journal France Football*

Huitième du Prix UEFA du meilleur joueur d'Europe *2017*

KYLIAN EN BLEU

34 sélections

13 buts

1re sélection : 25 mars 2017 contre le Luxembourg

Champion d'Europe des moins de 19 ans 2016

Champion du Monde 2018

L'ÉVOLUTION EN ÉQUIPE DE FRANCE

LES ÉQUIPES DE FRANCE DE JEUNES ET KYLIAN, « C'EST COMPLIQUÉ »

Malgré son immense talent, Kylian n'a que rarement été convoqué en équipes de jeunes sous le maillot français : comme il était parfois un peu **indiscipliné**, certains éducateurs ont peut-être craint qu'il ne soit pas utile dans leurs équipes. Pourtant, Kylian a toujours montré un réel intérêt pour l'équipe nationale et, comme beaucoup de jeunes footballeurs (peut-être en fais-tu partie), il aimait porter **le maillot bleu de l'équipe de France**, où se sont illustrés quelques très grands joueurs, comme **Michel Platini**, **Zinédine Zidane**, **Lilian Thuram** ou **Thierry Henry**.

Le parcours en bleu de Kylian débute dans la discrétion de Clairefontaine, le 10 septembre 2014. Ce jour-là, pour un match amical contre l'Ukraine, le sélectionneur **Jean-Claude Giuntini** procède à une large revue d'effectif, avec pas moins de dix-sept joueurs testés. Kylian ne joue qu'une vingtaine de minutes. Puis, deux jours plus tard, il dispute l'intégralité d'une deuxième rencontre amicale, toujours contre l'Ukraine, à Clairefontaine.

Ses prestations, voire son style, ne convainquent pas le staff, et il ne sera pas rappelé cette saison-là ! Sans lui, **les petits Bleus remportent tout de même l'Euro U17**.

En U19, c'est en revanche le premier trophée international qui attend Kylian (voir page 20). De manière générale, les sélections de jeunes ne sont pas la garantie d'une grande carrière pour les joueurs concernés. Certains y sont excellents, mais n'arrivent pas à percer au plus haut niveau, et certains ne décrochent pas un contrat professionnel. D'autres n'y sont jamais sélectionnés, comme Zinédine Zidane, et ont eu des **carrières fantastiques**. On croit savoir dans quelle catégorie Kylian va figurer, non ?!

LES DÉBUTS EN ÉQUIPE DE FRANCE

Si tu suis l'actualité de Kylian, tu dois probablement entendre régulièrement les journalistes parler de **« l'incroyable précocité »** de l'actuel joueur du PSG.

Oui, c'est vrai, Kylian Mbappé est **un vrai phénomène**, qui a déjà à son actif un palmarès bien fourni et une foule de records… **Et il n'a que 20 ans !**

L'une des particularités de KMB est de ne pas avoir été sélectionné dans la catégorie **Espoirs**, mais d'avoir été directement convoqué dans la « grande » équipe de France.

LES BLEUS : LES RECORDS À BATTRE POUR KYLIAN !

Record de sélections : ***Lilian Thuram*** *(142)*

Meilleur buteur : ***Thierry Henry*** *(51)*

Meilleur buteur en Coupe du Monde : ***Just Fontaine*** *(13)*

Meilleur buteur à l'Euro : ***Michel Platini*** *(9)*

Plus grand nombre de participations à la Coupe du Monde : ***Thierry Henry*** *(4)*

Plus grand nombre de participations à l'Euro : ***Lilian Thuram*** *(4)*

But le plus rapide : ***Franck Sauzée*** *(34 secondes)*

Joueur le plus âgé : ***Larbi Benbarek*** *(37 ans)*

Et personne n'a jamais marqué six buts en un seul match sous le maillot des Bleus !

Tout commence en mars 2017, quand il fait des étincelles en championnat et en Coupe d'Europe avec son club formateur de l'AS Monaco. Évidemment, ces performances de haut niveau contre Manchester City, le Borussia Dortmund ou la Juventus de Turin ne laissent pas indifférent **Didier Deschamps**. L'équipe de France est une étape importante dans la carrière d'un jeune joueur, et Kylian ne cache pas sa fierté d'être appelé chez les Bleus. Ni sa maman, qui le dépose directement à Clairefontaine, le lieu traditionnel de rassemblement des équipes de France.

Lors de son premier match contre le Luxembourg, Kylian remplace **Dimitri Payet** à la 78e minute de la rencontre, sous les encouragements des nombreux supporters français présents dans le stade Josy-Barthel de Luxembourg. Le score est acquis (3-1), l'ambiance bon enfant, toutes les conditions sont réunies pour des débuts en douceur. Lancé par **Antoine Griezmann**, Mbappé a même une belle occasion de marquer, mais sa frappe du gauche est détournée par le gardien luxembourgeois.

Pour une fois, **« Kiki »** ne bat aucun record. Des joueurs plus jeunes que lui avaient déjà débuté à son âge, et bien d'autres – et pas des moindres – avaient marqué un ou même deux buts lors de leur première sélection, dont un certain **Zinédine Zidane en 1996** contre la République tchèque. Concernant les records et les exploits sous le maillot bleu, ce n'est que partie remise pour le jeune prodige !

Quelques jours plus tard, Kylian commence son premier match en tant que titulaire sur le front de l'attaque tricolore. Les adversaires sont d'un tout autre calibre que les modestes Luxembourgeois, puisque les Bleus doivent affronter la redoutable équipe d'Espagne.

La Roja est un véritable test pour l'équipe de France et Kylian. Malgré la défaite (0-2), le natif de Bondy fait un gros match. Pendant une heure, avant d'être remplacé par **Olivier Giroud**, il ne ménage pas ses efforts. En première mi-temps, de nouveau servi par **Antoine Griezmann**, sa reprise de l'extérieur du gauche est repoussée par **David de Gea**, le gardien espagnol.

Enfin, en juin, deux nouvelles sélections installent Kylian chez les Bleus. S'il n'est que remplaçant lors de la défaite de la France en Suède (1-2), où il ne joue que les quinze dernières minutes, il est de nouveau titulaire pour sa quatrième sélection, à l'occasion du match amical contre l'Angleterre.

Malgré ses efforts, il n'inscrit pas son premier but en équipe de France. Il délivre tout de même sa première passe décisive à son grand copain, **Ousmane Dembélé**. Les deux phénomènes du football français mettent les défenseurs anglais au supplice pendant 90 minutes. Pourtant réduite à dix après l'expulsion sévère de **Raphaël Varane**, l'équipe de France réussit à renverser (3-2) ses meilleurs ennemis.

Le Stade de France tombe définitivement sous le charme de Kylian Mbappé. Ses accélérations, son sens du but, sa capacité à réaliser de belles passes séduisent tous les spectateurs, les journalistes et, bien sûr, **Didier Deschamps**. Le sélectionneur sait qu'il pourra compter sur Mbappé, car la saison qui arrive sera conclue en juin 2018 par la phase finale de la Coupe du Monde. D'ici là, il faut déjà se qualifier, et Kylian va apporter, lui aussi, sa pierre à l'édifice, et continuer sa progression.

LE SAVAIS-TU ?

*Le plus jeune joueur appelé en équipe de France se nomme **Julien Verbrugghe** : ce nom ne te dit rien ? C'est normal, il est né en 1889 ! Le 1er novembre 1906, il a participé à son premier match international contre l'Angleterre, à l'âge de 16 ans, 10 mois et 6 jours. Kylian Mbappé avait, quant à lui, 18 ans 3 mois et 5 jours pour son premier match avec les Bleus.*

LA COUPE DU MONDE 2018

EN ROUTE VERS LA RUSSIE !

Avec l'équipe de France, Kylian voit la vie en bleu. Durant la saison 2017-2018, il est toujours appelé par le sélectionneur Didier Deschamps. Entre le 31 août 2017 – le premier match de la saison contre les Pays-Bas – et le 9 juin 2018 – le dernier match amical contre les USA –, ce sont onze rencontres au cours desquelles Kylian va faire parler la poudre.

Les quatre premiers matches constituent des rencontres éliminatoires pour assurer la qualification à **la Coupe du Monde**. À la première d'entre elles, contre les Pays-Bas, Mbappé inscrit le but du 4-0, son premier but hors matches amicaux avec les Bleus !

Lors du match suivant, à Toulouse, Kylian est titulaire face à la modeste équipe du Luxembourg. À la surprise générale, l'équipe de France est incapable de percer la valeureuse défense adverse, et Kylian est même remplacé à l'heure de jeu.

Le lendemain, il n'échappe pas aux **critiques** qui pleuvent alors sur l'équipe. Les Bleus devront assurer leur qualification lors de deux matches couperets face à la Bulgarie et la Biélorussie, deux rencontres où Kylian est de nouveau titulaire. Ce sont les anciens de

SUR LA ROUTE DE LA RUSSIE

***France – Pays de Galles** : 2-0*
une passe décisive à Olivier Giroud

***Allemagne – France** : 2-2*

***France – Colombie** : 2-3*
une passe décisive à Thomas Lemar

***Russie – France** : 1-3 / un but*

***France – Italie** : 3-1*
deux passes décisives à Ousmane Dembélé et Samuel Umtiti

***France – Irlande** : 2-0*

***France – USA** : 1-1 / un but*

l'équipe qui portent alors les Bleus. **Matuidi**, **Giroud** et **Griezmann** assurent l'essentiel, permettant à la France de pouvoir participer à **la quinzième Coupe du Monde de son histoire : champagne !**

Il reste néanmoins à Kylian un dernier cap à franchir : la liste des sélectionnés que Didier Deschamps doit donner le 17 mai. Pour tous les joueurs, c'est un moment particulier, car la concurrence est rude tant les excellents joueurs se côtoient en équipe de France. Les derniers matches amicaux sont là pour permettre au sélectionneur de faire le meilleur choix, **il ne faut donc pas les négliger !**

Comme souvent, Kylian répond présent en inscrivant deux buts et en délivrant quatre passes décisives !

Kylian est devenu incontournable dans l'équipe et, sans surprise, **Didier Deschamps le choisit pour faire partie des vingt-trois joueurs** qui représenteront la France en Russie. C'est le début d'une **incroyable aventure.**

UN MOIS DE FOLIE EN RUSSIE

La préparation achevée, les Bleus prennent leurs quartiers en Russie, à **Istra**, une ville située près de Moscou. C'est là qu'ils resteront pendant toute la durée de la compétition, qu'ils s'entraîneront et vivront cette aventure ensemble : les vingt-trois joueurs et un staff de douze techniciens, entraîneurs, kinés, etc.

Depuis le tirage au sort du mois de novembre, les Bleus connaissent leurs trois adversaires du premier tour. Ce seront **l'Australie**, le **Pérou** et le **Danemark**, trois équipes à la portée des coéquipiers du capitaine **Hugo Lloris**.

Pour Kylian, cette Coupe du Monde est une première étape : « À la Coupe du Monde, il y aura tous les meilleurs joueurs, tous les grands seront là, c'est l'opportunité de montrer ce que l'on sait faire, ses capacités, et il n'y a pas meilleur endroit que la Coupe du Monde pour faire ça. » Kylian a raison : entre les stades pleins et les millions de téléspectateurs du monde entier devant leur écran, la Coupe du Monde est la compétition la plus suivie et la plus populaire, loin devant les Jeux Olympiques, ou n'importe quelle autre compétition !

FRANCE - AUSTRALIE

Ce match est, avant même qu'il ne soit joué, l'occasion pour Kylian de devenir **le plus jeune joueur de l'histoire de France à disputer un match de Coupe du Monde, à l'âge de 19 ans et 6 mois.**

Car, oui, pour ce premier match, Didier Deschamps a décidé de faire confiance à Kylian en le plaçant au cœur de l'attaque tricolore !

Cette rencontre a lieu à un horaire inhabituel, en tout début d'après-midi : est-ce pour cette raison que l'équipe de France ne joue pas son meilleur football ? Kylian réalise une très belle première mi-temps : il dribble, déborde, effectue de nombreuses courses... en vain. La réussite n'est pas au rendez-vous et, petit à petit, il se fait plus discret. Heureusement, les Bleus assurent la victoire grâce à un but contre son camp d'un défenseur australien, à la suite d'un beau mouvement entre **Antoine Griezmann** et **Paul Pogba**.

Quelques critiques, notamment sur le repli défensif du joueur, sont faites à l'encontre de Kylian. Mais le sélectionneur décide de maintenir sa confiance pour le match suivant.

FRANCE - PÉROU

Ousmane Dembélé fait les frais du match moyen des Bleus contre l'Australie et est remplacé par **Olivier Giroud.** Pour Kylian, cela signifie un renfort de poids, capable de peser sur les défenses adverses. C'est plutôt une bonne nouvelle, même si son copain Ousmane est pénalisé par cette décision.

À Iekaterinbourg, le stade est complètement rouge et blanc, tant les supporters péruviens sont présents et donnent de la voix. Dans cette ambiance sud-américaine, **Pogba**, **Varane** et **Griezmann** sont les premiers Français à s'illustrer, mais leurs tentatives ne sont pas cadrées ou bien arrêtées par le gardien adverse, **Pedro Gallese**.

Puis Kylian entre en scène, à la 32e minute. Il est tout près de marquer, mais sa talonnade acrobatique ne trompe pas la vigilance de Gallese. À la 34e minute, c'est lui qui est là pour pousser au fond des filets **un tir contré d'Olivier Giroud** et offrir à la France une nouvelle victoire, et la qualification pour les huitièmes de finale, avant même d'affronter le Danemark pour le troisième match. Kylian est nommé **Homme du match** par la FIFA pour sa performance.

FRANCE - DANEMARK

Dans ce triste 0-0, seul un événement a fait lever les spectateurs de leurs sièges : **l'entrée en jeu à la 78e minute de Kylian Mbappé à la place d'Ousmane Dembélé !**

Un signe de plus que le joueur parisien a su se faire une place dans le cœur des amoureux du football. Kylian a bien tenté de réveiller cette rencontre avec quelques accélérations, mais le match nul qualifiait les deux équipes, et le Danemark a préféré jouer très prudemment. Pour les émotions – et quelles émotions –, il faudra attendre un peu.

HUITIÈME DE FINALE : FRANCE - ARGENTINE

Comment résumer en quelques lignes ce match déjà devenu **un classique de l'histoire de la Coupe du Monde ?** Il y avait tout ce jour-là : un beau stade, la Kazan Arena, un temps magnifique, des supporters des deux camps en pleine forme, et un adversaire de prestige pour l'équipe de France : l'Argentine de **Lionel Messi**. Le match fut l'occasion pour les supporters des Bleus de passer par toutes les émotions possibles. Et évidemment, Kylian Mbappé y a largement contribué.

Tout commence dès les premiers instants du match, quand Kylian est sévèrement taclé aux abords de la surface de réparation après une belle série de dribbles, provoquant un coup franc qu'Antoine Griezmann expédie sur la barre argentine. Quelques instants plus tard, le Parisien récupère un ballon dans son propre camp, à 70 mètres du but adverse, et file seul dans une incroyable chevauchée : il dépasse un Argentin, puis deux, et le troisième, **Marcos Rojo**, est contraint à la faute dans la surface de réparation. **Griezmann transforme sans trembler le penalty : 1-0 !**

Mais les Argentins ont aussi quelques joueurs de qualité : c'est tout d'abord le coéquipier de Kylian au PSG, **Ángel Di María**, qui égalise d'une superbe frappe. Puis **Gabriel Mercado** dévie avec un peu de chance la frappe de **Leo Messi**, pour donner l'avantage à l'Albiceleste en début de deuxième mi-temps.

C'est un moment difficile pour les Bleus et pour Kylian, qui voit les défenseurs argentins jouer de plus en plus dur sur lui, commettant des fautes ou essayant de le retarder d'une façon ou d'une autre, comme lorsque **Éver Banega** le tacle dangereusement au niveau de la cuisse à la 50e minute.

Heureusement, très vite, **Benjamin Pavard** s'illustre avec une demi-volée de légende **(élue un peu plus tard plus beau but de cette Coupe du Monde !)**, qui vient se ficher dans la lucarne gauche de **Franco Armani** pour remettre les équipes à égalité.

Puis, en quatre minutes, Kylian Mbappé fait définitivement basculer la rencontre à l'avantage des Bleus. Tout d'abord en arrivant à se défaire en pleine surface de réparation de deux adversaires et à réussir à faire passer le ballon dans une mêlée de jambes dans le but argentin : 3-2 ! **« Il est la superstar de cette équipe »** crie alors un commentateur anglais ! Ensuite, après une superbe remontée de balle menée par **Matuidi**, Giroud délivre une belle passe à Mbappé, tout heureux de pouvoir conclure de nouveau avec une frappe imparable à ras de terre : 4-2 !

Deux buts en huitième de finale, c'est un nouveau record pour Kylian, qui offre ainsi à son équipe l'opportunité d'atteindre de nouveau les quarts de finale, quatre ans après l'échec à ce stade de la compétition contre l'Allemagne, au Brésil.

LES ÉLOGES DU ROI

*C'est peut-être lors de cette rencontre contre l'Argentine que le monde a découvert Kylian Mbappé. Et peut-être même **le roi Pelé** l'a-t-il découvert à ce moment-là et a vu dans le jeune attaquant français son successeur. Dès le match sifflé, le plus grand joueur de l'histoire du football écrivait : « Félicitations, Kylian Mbappé. Marquer un doublé dans un match de Coupe du Monde te place en bonne compagnie. Bonne chance pour tes autres matches, sauf contre le Brésil ! »*

Son remplacement à la 89e minute lui permet de recevoir une magnifique ovation de tout le stade, et quelques instants plus tard, c'est naturellement à lui que revient l'honneur d'être nommé une nouvelle fois Homme du match.

QUART DE FINALE : FRANCE - URUGUAY

C'est un match plus difficile qui attend Kylian en quarts de finale. L'équipe de l'Uruguay est connue pour la qualité de sa défense, jugée par beaucoup comme **plus solide que celle de l'Argentine.**

Encore une fois, même s'il ne marque pas, Mbappé réalise un bon match pour les Bleus. Après quelques secondes, il donne le ton en se défaisant de son défenseur, **Diego Laxalt**, et en effectuant une belle passe. À la 6e minute, il inquiète l'Uruguay avec une accélération dont il a le secret. À la 15e minute, il a une belle occasion d'ouvrir le score, mais sa tête manque de puissance alors qu'il se trouve seul à quelques mètres du but défendu par **Fernando Muslera**.

Ce début de match réussi oblige les Uruguayens à revoir leur défense pour bloquer le couloir droit où Kylian leur fait tant de misères… et cela libère autant d'espace pour ses coéquipiers ! Les héros du jour s'appellent **Raphaël Varane** et **Antoine Griezmann**, dont les buts propulsent l'équipe de France en demi-finale de la Coupe du Monde.

DEMI-FINALE : FRANCE - BELGIQUE

C'est contre la Belgique que l'équipe de France a joué **le plus de rencontres internationales de son histoire,** mais jamais les deux équipes ne s'étaient rencontrées à ce stade de la compétition. Pour la jeune équipe française, la deuxième plus jeune de cette Coupe du Monde, avec 25 ans et 10 mois seulement de moyenne, c'est aussi une grande découverte, et l'affiche s'annonce équilibrée, tant la Belgique a impressionné, elle aussi, jusqu'à présent.

Les Diables rouges s'illustrent d'ailleurs les premiers, avec des frappes signées **Eden Hazard** et **Toby Alderweireld.** Il faut attendre la fin de la première mi-temps pour voir Kylian obtenir plus d'espace et servir idéalement **Benjamin Pavard**, dont le tir est détourné en corner par **Thibaut Courtois**.

Après le but libérateur de **Samuel Umtiti** (suivi par son incroyable célébration, tu te souviens ?) à la 51e minute, les défenseurs français et **Hugo Lloris** se montrent intransigeants et empêchent les Belges, malgré leurs efforts, d'égaliser.

Après cette qualification pour la finale de la Coupe du Monde, **douze ans après celle de Berlin contre l'Italie**, tous les regards sont tournés vers Kylian Mbappé. Les passionnés de football revoient alors ce moment incroyable où Kylian réalise une superbe passe à **Olivier Giroud** dans une mêlée de jambes belges... avec une roulette suivie d'une talonnade ! Ce geste de classe mondiale aurait pu être **la plus belle passe décisive de la Coupe du Monde**, mais le défenseur belge **Mousa Dembélé** est le plus prompt devant l'attaquant français.

Dans le bus qui le ramène avec ses coéquipiers à son hôtel, Kylian concède que « le match a été dur, très physique, avec de bons adversaires ».

Mais l'équipe de France est en finale de la Coupe du Monde !

FINALE : FRANCE - CROATIE, LE JOUR DE GLOIRE

Ce match opposant la France à la Croatie est probablement **l'une des affiches les plus inattendues pour cette finale de Coupe du Monde.** Et il faut dire que le match a été aussi surprenant et dingue, avec des buts, des boulettes, et un Kylian Mbappé en feu !

Comme depuis le début du Mondial, Kylian a les jambes. Ses courses font beaucoup de mal à la défense croate, mais les adversaires des Bleus ont compris, depuis le festival contre l'Argentine, qu'il ne fallait pas donner trop d'espace à l'attaquant du PSG.

À la fin de la première mi-temps, la France mène deux buts à un après avoir été dominée dans le jeu, grâce à un but contre son camp et un penalty. Certains joueurs, comme **N'Golo Kanté**, sont un peu fébriles, probablement impressionnés par l'enjeu. Ce n'est pas le cas de Kylian, bien décidé à sortir de sa boîte en deuxième mi-temps. Les Croates doivent attaquer et faire le jeu ; la France va se retrouver dans sa position préférée : **prête à lancer de terribles contre-attaques.**

À la 59e minute, Kylian déborde sur le côté droit pour centrer vers **Antoine Griezmann**, passeur vers **Paul Pogba**, pour le but du break (3-1). Et, suite à un nouveau déboulé de **Lucas Hernandez**, c'est au tour de Kylian de tromper la vigilance de son ancien coéquipier de Monaco, **Danijel Subasic**, après une belle frappe à 20 mètres du but croate ! **Mbappé marque un but en finale et entre encore plus dans l'histoire de la Coupe du Monde de football !**

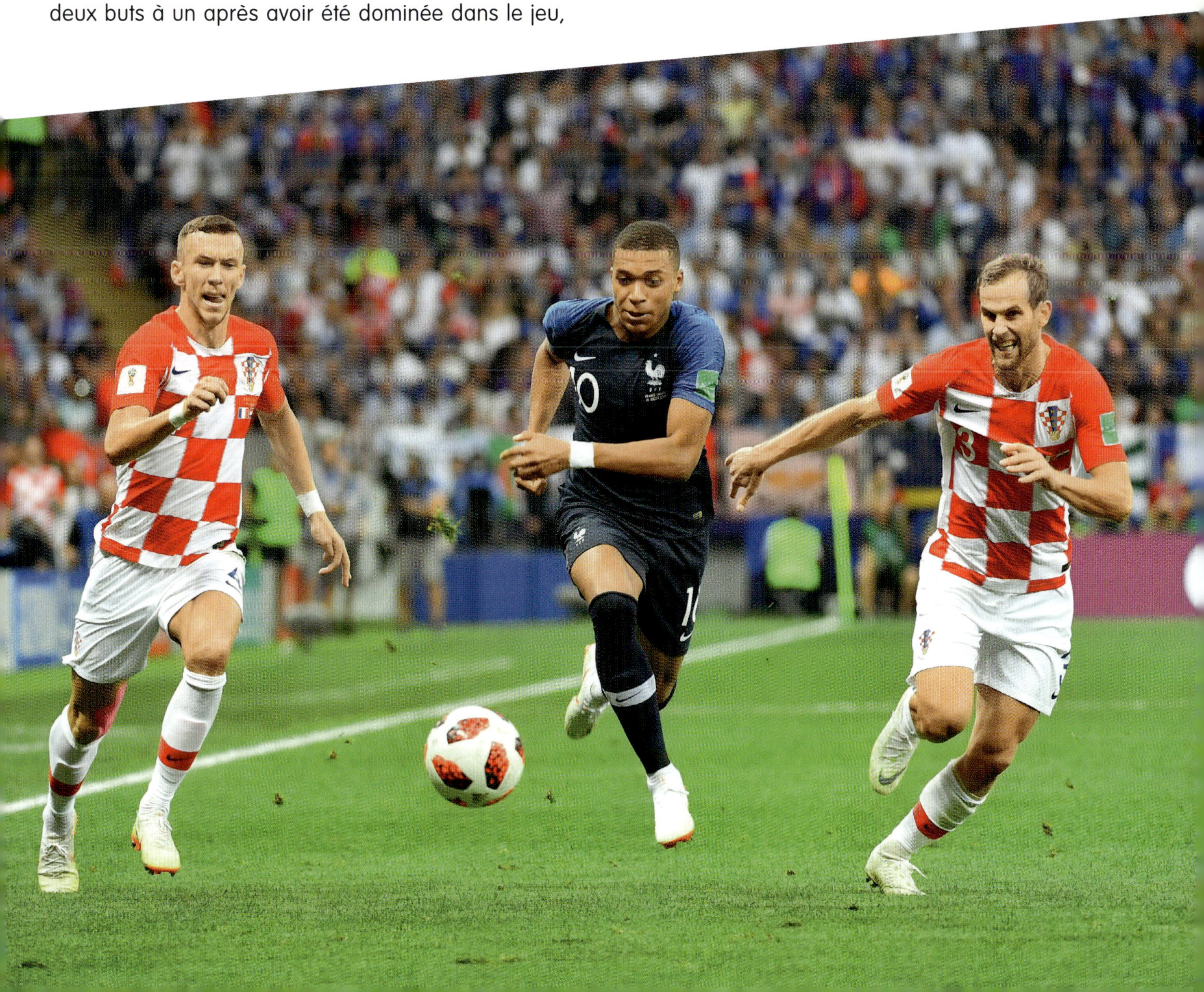

FRANCE-CROATIE
15 JUILLET 2018

LES RECORDS DE KYLIAN
PENDANT LA COUPE DU MONDE 2018

Plus jeune joueur de l'histoire de l'équipe de France en tournoi international *(contre l'Australie)*

Plus jeune joueur français à marquer en Coupe du Monde *(contre le Pérou)*

Deuxième plus jeune joueur de l'histoire à marquer trois buts, *derrière Pelé (17 ans et 8 mois)*

Deuxième plus jeune joueur de l'histoire à inscrire un doublé en Coupe du Monde *(contre l'Argentine), toujours derrière Pelé*

Troisième plus jeune joueur de l'histoire à participer à une finale de Coupe du Monde, *derrière Pelé (1958) et Bergomi (1982)*

Deuxième plus jeune joueur de l'histoire à marquer un but en finale de Coupe du Monde, *derrière Pelé (1958)*

Plus jeune joueur de l'histoire de l'équipe de France à marquer en finale d'un grand tournoi international

Record du nombre de dribbles tentés en un match *(15), contre la Belgique*

Record du nombre de dribbles réussis pendant la Coupe du Monde *(32)*

Vitesse de pointe de 37 km/h, *calculée lors de son accélération menant au penalty contre l'Argentine*

Élu meilleur jeune de la compétition

LA STAR

Cette victoire a fait entrer Kylian Mbappé dans **le cercle très fermé des joueurs vainqueurs de la Coupe du Monde de football.**

Dès le coup de sifflet final et la coupe brandie, les commentaires pleuvent pour couvrir de gloire le jeune joueur parisien.

Pelé envoie un deuxième message au nouveau prodige du football mondial, son successeur annoncé par tous, faisant oublier **Lionel Messi** et **Cristiano Ronaldo**, les deux stars du football international, des joueurs d'exception mais incapables avec leurs sélections respectives de remporter une Coupe du Monde.

Kylian pénètre dans une nouvelle dimension : il est nommé, avec les autres joueurs de l'équipe de France, **Chevalier de la Légion d'honneur**, et il rencontre même **Pelé en personne !**

Tout le monde aime Kylian ! Une maîtresse d'école invente même une règle d'orthographe en utilisant son nom !

Après le succès, vient le temps des vacances, puis c'est déjà la rentrée des footballeurs, avec la reprise du Championnat de France en Ligue 1.

DINGUE

Une enseignante du Val-d'Oise a utilisé la popularité de Kylian chez les enfants pour se souvenir d'une règle d'orthographe. Tu sais déjà que devant les m, b et p, on écrit un m au lieu d'un n, comme dans les mots « champignon » ou « emmener ».

Cette maîtresse a proposé à ses élèves de se souvenir des consonnes du nom Mbappé pour bien mémoriser cette règle !

FFF
FRANCE-CROATIE
15 JUILLET 2018
10

LA FOLIE CONTINUE

La saison post-Coupe du Monde est toujours particulière pour un joueur de football vainqueur du trophée, qui a parfois du mal à digérer un tel succès… et toutes les demandes et sollicitations qui vont avec !

Mais ce qui est valable pour un joueur normal ne l'est pas quand on s'appelle Kylian Mbappé. La saison 2018-2019 est **celle de la confirmation** : avec trente-sept buts en trente-sept matches avec son club, dont trente-trois en Ligue 1, **Kylian explose tous les compteurs et tous les records de précocité !**

La saison avait pourtant commencé un peu tard, à cause du retard de préparation lié au succès tardif en Coupe du Monde. Et Kylian est maintenant encore mieux surveillé par les défenses adverses. Comme à Nîmes, lors de la quatrième journée, où Kylian, buteur un peu plus tôt dans le match, a un geste d'humeur après une charge sévère d'un défenseur et **est expulsé par l'arbitre**. « Si c'était à refaire, je le referais », déclare Kylian, tout en s'excusant auprès de ses coéquipiers. **Pas simple d'être la grande star du championnat !**

Cela ne déstabilise pas beaucoup le jeune champion. Il continue à remporter de nombreuses récompenses nationales et est distingué dans des classements prestigieux, comme celui du **Ballon d'Or** !

LES RÉCOMPENSES INDIVIDUELLES DE KYLIAN APRÈS LA COUPE DU MONDE

Meilleur espoir *de Ligue 1 2019*

Meilleur joueur *de Ligue 1 2019*

Membre de l'équipe type *de Ligue 1 2019*

Prix du ***Meilleur joueur français*** *de l'année* France Football *2018 et 2019*

4e du Ballon d'Or *2018*

6e du Ballon d'Or *2019*

Membre de l'équipe type *de la FIFA 2019*

Le journal L'Équipe *le classe 1er de son classement* ***« des 30 qui font le foot français »*** *en 2019, un classement où Kylian devance même* ***Zinédine Zidane*** *et* ***Didier Deschamps*** *!*

Quelque temps après son retour de suspension, après son expulsion à Nîmes, le 7 octobre 2018 contre Lyon, Kylian inscrit **un quadruplé en 13 minutes** lors de la victoire 5-0 des Parisiens.

Pour Kylian, la saison 2018-2019 est vraiment la **« saison des buts »**, avec un but toutes les 71 minutes, un quadruplé, deux triplés et quatre doublés : du jamais-vu ! Il est logiquement couronné **meilleur buteur de Ligue 1**, le plus jeune depuis **Karim Benzema** en 2007-2008, et loin devant le joueur de Lille (aujourd'hui à Arsenal) **Nicolas Pépé** (vingt-deux buts) et son coéquipier **Edinson Cavani** (dix-huit buts).

Le PSG écrase la compétition nationale, qu'il remporte de nouveau sans surprise. Trente victoires, quatre nuls, quatre défaites, trente-deux buts encaissés et… cent buts marqués, dont neuf contre la même équipe… en un match !

Tu te souviens probablement du match contre Guingamp, le 19 janvier 2019, un match où tous les Parisiens ont soigné leurs statistiques, ce soir-là. Pourtant, deux semaines auparavant, ce sont les Bretons qui s'étaient imposés au Parc des Princes 2-1 en Coupe de la Ligue ! Avec vingt-six frappes au but, c'est un déluge qui s'est abattu sur les pauvres Guingampais, et Kylian ne fut pas en reste en inscrivant, comme Edinson Cavani, **un triplé**.

À l'image de ce match, tout se passe bien pour Kylian et le PSG dans les compétitions nationales, mais c'est en Ligue des Champions que les Parisiens sont attendus. Avec l'Étoile Rouge de Belgrade, et surtout Naples et Liverpool, c'est à trois anciens vainqueurs de Coupe d'Europe – comme le PSG – que les Parisiens doivent se frotter en phase de poules.

Après une défaite dans le mythique stade Anfield de Liverpool, malgré un joli but de Kylian à la 85e minute, les Parisiens redressent bien la barre avec cinq matches sans défaite. L'Etoile Rouge de Belgrade fait les frais du réveil parisien au Parc des Princes (6-1, encore un but de Kylian !) et au stade Maracanã (4-1, encore un but de Mbappé !), mais Naples est un adversaire très valeureux, que le PSG n'arrive pas à battre (deux nuls). Heureusement, le PSG assure sa qualification lors du match retour contre Liverpool et, mieux encore, prend **la première place de son groupe**.

L'adversaire proposé en huitième de finale est largement à la portée des coéquipiers de Kylian. Manchester United est une bonne équipe anglaise, mais elle a du mal à supporter la concurrence avec des équipes comme Liverpool ou Manchester City dans le championnat anglais.

Cette impression est confirmée au match aller, à Old Trafford, le beau stade anglais de Manchester United, avec une victoire nette du PSG 2-0. À la 60e minute, Kylian avait inscrit un nouveau but, un beau plat du pied suite à une passe merveilleuse d'**Ángel Di María**. Deux buts d'avance, **Paul Pogba** suspendu, tout s'annonce bien pour le match retour.

Malheureusement, le PSG va revivre **le cauchemar d'une humiliation** en huitième de finale. Très fébriles, les Parisiens encaissent un but idiot dès la 2e minute, ce qui donne confiance au buteur belge **Lukaku** et à ses partenaires. Les Red Devils arrachent leur qualification en toute fin de match, suite à une main involontaire de **Kimpembe** dans la surface de réparation, synonyme de pénalty, transformé par Lukaku... dans les arrêts de jeu. Impuissant, Kylian ne peut que constater les dégâts : son club est de nouveau éliminé tôt dans la plus prestigieuse des compétitions européennes.

En équipe de France, Kylian entre un peu plus dans l'histoire des Bleus en devenant **le plus jeune joueur à marquer dix buts sous le maillot tricolore**, lors du match nul contre l'Islande (2-2). Et il atteint même la barre des douze buts après ses réalisations contre l'Islande, encore, et la Moldavie.

La saison des records se poursuit quelques semaines plus tard quand Kylian marque avec les Bleus son centième but, toutes compétitions confondues, alors qu'il n'a que 20 ans ! **Cristiano Ronaldo** et **Lionel Messi** n'ont inscrit leur centième but « que » pendant l'année de leurs 22 ans.

Au cours de l'été qui suit, Kylian peut vraiment se reposer après une année bien remplie, pleine de buts, mais aussi marquée par quelques déceptions avec son club parisien.

LE FUTUR

Où s'arrêtera Kylian ? Il n'a que 20 ans, il est déjà Champion de France, Champion du Monde, mais il a encore soif de titres et de records.

Avec l'équipe de France, il faudra faire bonne figure lors de l'Euro 2020, puis **défendre le titre au Qatar en 2022**.

Avec son club, il a encore de belles pages à écrire, notamment sur le plan européen, où la Ligue des Champions reste l'un des objectifs principaux de Kylian.

Avec lui, pas de surprises : à chaque but, toujours la même célébration, les bras croisés et les jambes bien plantées dans la pelouse, et surtout les mêmes qualités : la vitesse bien sûr, mais aussi le sens du placement et du dribble, et la capacité à jouer simplement avec l'un des autres meilleurs joueurs du monde, **Neymar Junior**. Entre ces deux-là, la complicité est évidente. À l'entraînement, on les voit souvent plaisanter ensemble et les jours de match, ils aiment se trouver sur le terrain et se délivrer des passes décisives : Kylian a même changé sa célébration en l'honneur de son copain brésilien, comme le 9 janvier 2020 contre Saint-Étienne en Coupe de la Ligue, en se moquant gentiment de lui.

La connexion entre ces deux joueurs va-t-elle enfin emmener Paris vers le succès européen ? Ou alors le futur de Kylian s'écrira-t-il sous de nouvelles couleurs ? Car des clubs comme le Real Madrid rêveraient de pouvoir le faire jouer dans leur équipe. **Zinédine Zidane** disait qu'il était **« amoureux depuis longtemps »** de Kylian Mbappé.

MAIS, ENTRE NOUS, QUI NE L'EST PAS ENCORE ?

7
LIGUE 1
Conforama

Crédits photographiques :

PRESSE SPORTS : *REAU ALEXIS : p.6, p.8 H, p.59 B ; LAHALLE PIERRE : couverture, p.1, p.8 B, p.12, p.19, p.20, p.26, p.36, p.40, p.42, p.44, p.45 H, p.45 B, p.47, p.49, p.51, p.54, p.58, p.60 B, p.62 H, p.63 ; FEL : p.9 ; LUTTIAU : p.10 ; DOUCARA MAMEDY : p.17 ; ARGUEYROLLES LAURENT : p.18 ; Eibner/EXPA : p.21 ; GOLESI FELIX : p.22 ; PAPON BERNARD : p.23 ; MICHEL VINCENT : p.24 ; BOUE SEBASTIEN : p.27, p.59 H ; MANTEY STEPHANE/PRESSE SPORTS : p.28 ; MOUNIC ALAIN : p.29, p.60 H ; Stefano Gnech/EXPA : p.30 ; Massimo Rana/IPP : p.31 ; OLIVIER ANRIGO : p.32 ; Alfonso Jimenez Valero/CORDON : p.33 ; PREVOST JEROME : p.34 ; TimGroothuis/WITTERS : p.38, p.48, p.50 B, p.57; FAUGERE FRANCK : p.41, p.52, p.61 H, p.61 B, p.62 B ; MARTIN RICHARD : p.43 ; Ale Cabral/AGIF : p.46 ; Maurice van Steen/ANP SPORT : p.50 H.*